PUBLICATIONS DE LA SOCIÉTÉ DE GRAF

L'ÉCRITURE
CARESSANTE

ÉTUDE

sur la flatterie
la souplesse psychologique
le désir de paraître sympathique

PAR

SOLANGE PELLAT

Membre du Conseil de la Société

DEUXIÈME ÉDITION

Avec 38 figures dans le texte

PARIS

SOCIÉTÉ DE GRAPHOLOGIE

150, Boulevard Saint-Germain

1903

L'ÉCRITURE CARESSANTE

PUBLICATIONS DE LA SOCIÉTÉ DE GRAPHOLOGIE

L'ÉCRITURE
CARESSANTE

ÉTUDE

sur la flatterie
la souplesse psychologique
le désir de paraître sympathique

PAR

SOLANGE PELLAT

Membre du Conseil de la Société

DEUXIÈME ÉDITION

Avec 38 figures dans le texte

PARIS

SOCIÉTÉ DE GRAPHOLOGIE

150, Boulevard Saint-Germain

1903

L'ÉCRITURE CARESSANTE

PRÉFACE

Cette brochure est consacrée à un chapitre peu connu de la Graphologie, l'*Écriture caressante*. Je ne l'ai pas écrite en vue des débutants, mais j'ai fait pourtant mon possible pour leur être utile, et surtout pour ne pas les induire en erreur. J'ai signalé à cet effet quelques-unes des manifestations graphiques semblables d'apparences à celles que j'étudiais, et prêtant par là à des confusions. Je ne les ai naturellement pas signalées toutes, ce qui eût été un travail long et peu intéressant, le même trait, isolé de son milieu graphique, pouvant répondre aux tendances psychologiques les plus diverses. J'ai cherché à faire en sorte que mes lecteurs s'habituent à saisir les mouvements caressants de la plume sans trop cataloguer les signes ; ils reconnaîtront ainsi plus facilement les scripteurs chez lesquels, sous une forme ou sous une autre, le côté caressant constitue une des dominantes, ou, autrement dit, un des traits fondamentaux du caractère.

Solange Pellat.

1

I

Les personnes caressantes ou complimenteuses — un
compliment est une caresse morale — sont portées à reproduire le mouvement de la caresse dans leur écriture. Elles
prolongent les finales au moyen de courbes douces et lé-
gères, et remplacent des traits devant être horizontaux et
rigides par des courbes, qui sont plutôt fines et allongées, et
plutôt convexes à la partie supérieure.

Chez les imaginatifs et chez les impulsifs, ces manifestations, comme la plupart de celles dont il va être question du
reste, sont très accentuées au point de vue graphique. Chez
les intellectuels, qui ont l'écriture sobre, elles sont au contraire peu prononcées.

Parmi les personnes caressantes, il y en a qui tracent des
lettres dont les hampes sont ondulées. Le mouvement graphique a ici quelque chose de plus anormal. Ces lettres sont
en général la marque de goûts caressants développés, matériels, et auxquels le scripteur ne craint pas de s'abandonner.
L'indice est assez fâcheux, surtout si, comme il arrive le plus
souvent, l'ondulation s'accompagne du renflement de la sen-
sualité ; il y a des écritures où, vu les dominantes, la présence
d'ondulations accentuées dans les hampes des lettres répond
à une sorte de difformité morale. On trouve pourtant des

idée de laisser ses années
aussi longtemps sans leur

si intéressants, j'ai
bien bon goût de
travailler ferme
cet hiver. Vaud

et de me donner les détails
qui vous sont en usage de
donner. vous pouvez si cela
peut vous être utile garder
cette lettre mais en tout cas

LETTRES A HAMPES ONDULÉES.

lettres à hampes ondulées dans des écritures de petites filles affectueuses qui aiment à caresser, et qui le font de la manière la plus innocente.

Les coquettes, les personnes qui font facilement des avances, ou qui sont toujours prêtes à protester de leur sympathie, sont amenées à reproduire dans leur écriture le geste du bras qui cherche à enlacer. Elles ajoutent des courbes

enlaçantes au commencement ou à la fin des mots, et transforment en courbes enlaçantes des barres de *t* et des courbes

remontantes de hampes inférieures.

Dans les analyses d'autographes toutefois, en interprétant des courbes d'apparence enlaçantes, il faut veiller à faire la

part de l'enjouement et de l'imagination possibles du scripteur. Des prolongements enlaçants aux finales, notons-le,
peuvent aussi traduire les instincts accapareurs des hommes
d'affaires, ou refléter le geste du vaniteux qui se rengorge
et s'admire à la façon du paon qui fait la roue. Des barres
de *t* enlaçantes d'aspect, mais courtes et en coup de fouet,
indiquent le détachement sceptique et égoïste de l'homme qui
dit « je m'en moque ».

Les flatteurs, c'est-à-dire ceux qui, moralement ou matériellement, caressent avec une arrière-pensée, se révèlent
fréquemment dans leur écriture par une manifestation graphique spéciale. Ils ajoutent à la base de certaines lettres ou

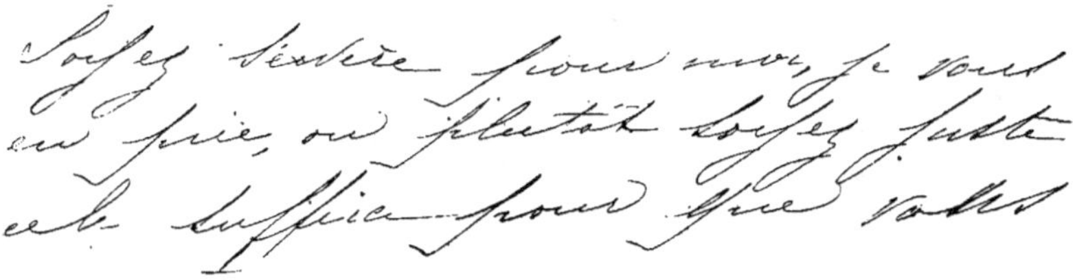

de certains chiffres une petite courbe reproduisant le mouvement de la main qui caresse, en donnant à cette petite
courbe une direction sinistrogyre.

Ils l'ajoutent en hommes qui n'agissent pas avec simplicité et qui se mettent en frais ; ils la placent très bas, parce que
loin de chercher à faire acte d'autorité, ils tiennent cachées
leurs intentions ; ils lui donnent une direction sinistrogyre,
car c'est leur individualité qui est en jeu dans la circonstance.

Cette manifestation graphique n'est pas forcément par elle-
même un indice très péjoratif, car elle peut révéler une flatterie assez anodine. Ce sont les bases des minuscules *p* et
q qui en fournissent le plus d'exemples. La courbe tracée est
d'autant plus élégante que le scripteur agit avec plus de
grâce : elle est d'autant moins bombée et d'autant moins

longue qu'il est plus cultivé et qu'il se montre plus réservé dans sa façon d'agir. Ce n'est pas un trait familier aux scripteurs qui font preuve de diplomatie dans leur flatterie.

Il y a une variante de cette manifestation graphique qui consiste à reproduire, aux mêmes endroits et vers la gauche, un geste enlaçant au lieu d'un geste caressant. Mais cette

variante est moins significative, et n'a guère plus d'importance que les prolongements enlaçants des finales ; la courbe enlaçante continue d'une façon assez naturelle l'extrémité de hampe, au lieu d'exiger l'effort particulièrement révélateur qui, là, est nécessaire pour ajouter le geste caressant.

Ces manifestations graphiques de la flatterie ne doivent pas être confondues avec celles de la proxilité. Quoique ces dernières aient des formes souples et se rencontrent parfois associées aux premières, elles ont une tout autre origine ; elles proviennent de l'excès d'une force intérieure qui cherche a se dépenser ; elles ont quelque chose de flottant et d'indéterminé, car cet excès de force s'emploie un peu au hasard, et elles donnent vaguement à l'œil l'impression de filaments pendus aux lettres.

Ces manifestations graphiques de la flatterie donnent lieu à une combinaison curieuse. On sait que les méchants aux instincts sournois font partir de la base des lettres de petites pointes orientées vers la gauche. Ces petites pointes, qui se

rencontrent aux mêmes places, et qui ont la même direction
que ces indices de flatterie se combinent souvent avec eux

chez les personnes félines. On voit dans les autographes de
celles-ci des courbures pointues en formes de griffes qui révèlent leur méchanceté ou leur traîtrise aux apparences dou-
cereuses.

Les tendances félines que dénote cette manifestation complexe sont évidemment très fâcheuses, et il y a toujours lieu
de se défier des scripteurs qui la possèdent. Cependant, avant
de condamner, il faut examiner si ces tendances ne sont pas
rachetées ou combattues par des qualités. On rencontre assez
souvent cette manifestation complexe chez des personnes
capables de donner des coups de griffes inattendus, mais chez

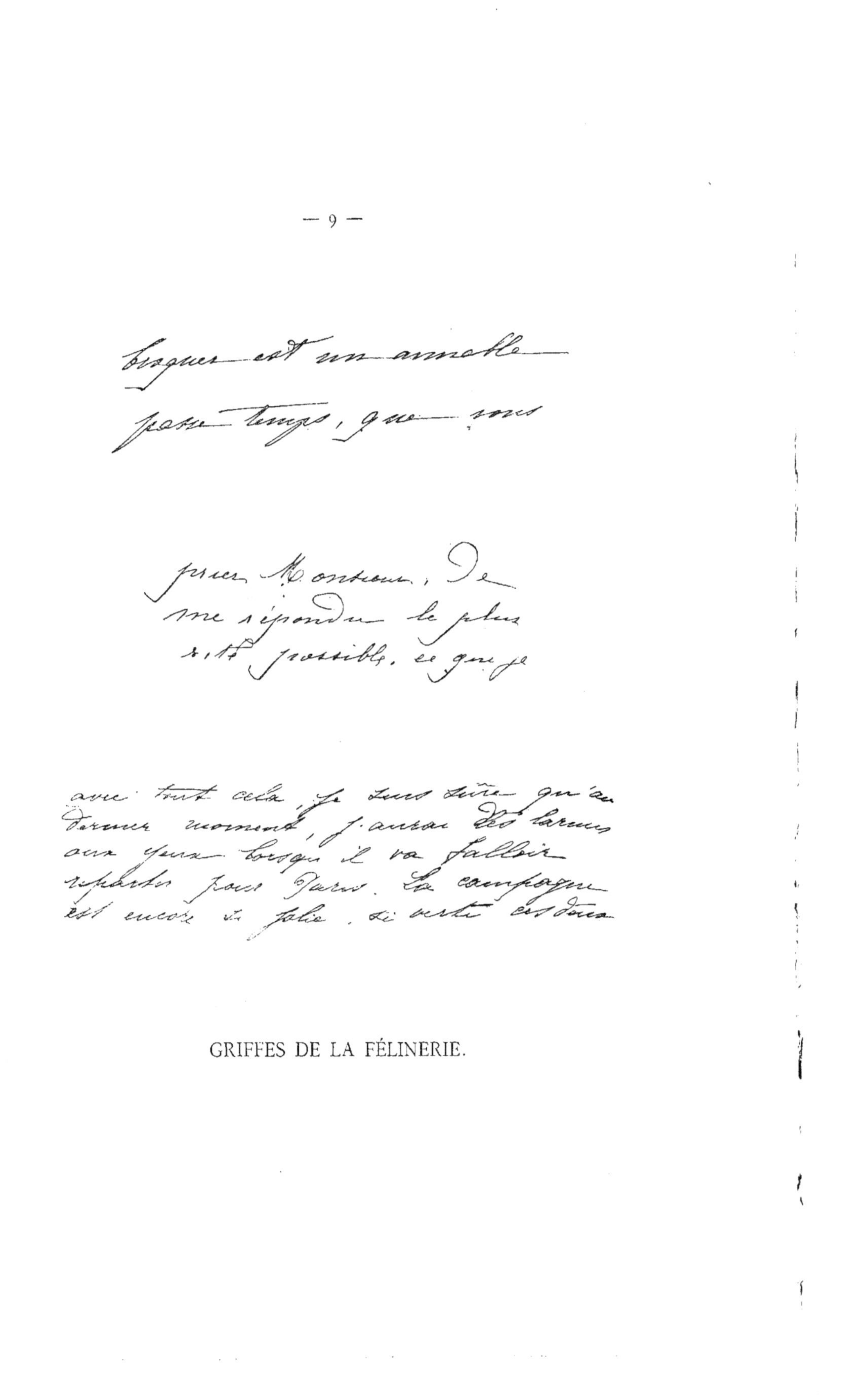

[lettre autographe]

GRIFFES DE LA FÉLINERIE.

lesquelles pourtant, l'affection et le dévouement ne sont pas choses impossibles.

Aux manifestations graphiques qui précèdent se rattachent les formes graphiques en lasso. Si elles ont la grâce des ornements, et si elles reflètent ainsi le désir de plaire et de se parer, elles procèdent d'une série de mouvements caressants et enlaçants, et elles révèlent par là des instincts caressants,

et souvent aussi l'habitude du compliment et de la flatterie.

Parmi les formes graphiques en lasso, il en est une classique, le paraphe en lasso. Il y en a plusieurs autres, analogues à ce paraphe, qui sont moins connues. Ce sont principalement : le lasso s'ajoutant à l'extrémité d'une lettre ou constituant cette extrémité, l'*x* final abrégé converti en lasso, la barre de *t* en lasso, barre de *t* généralement haut placée, tracée en retour ou non.

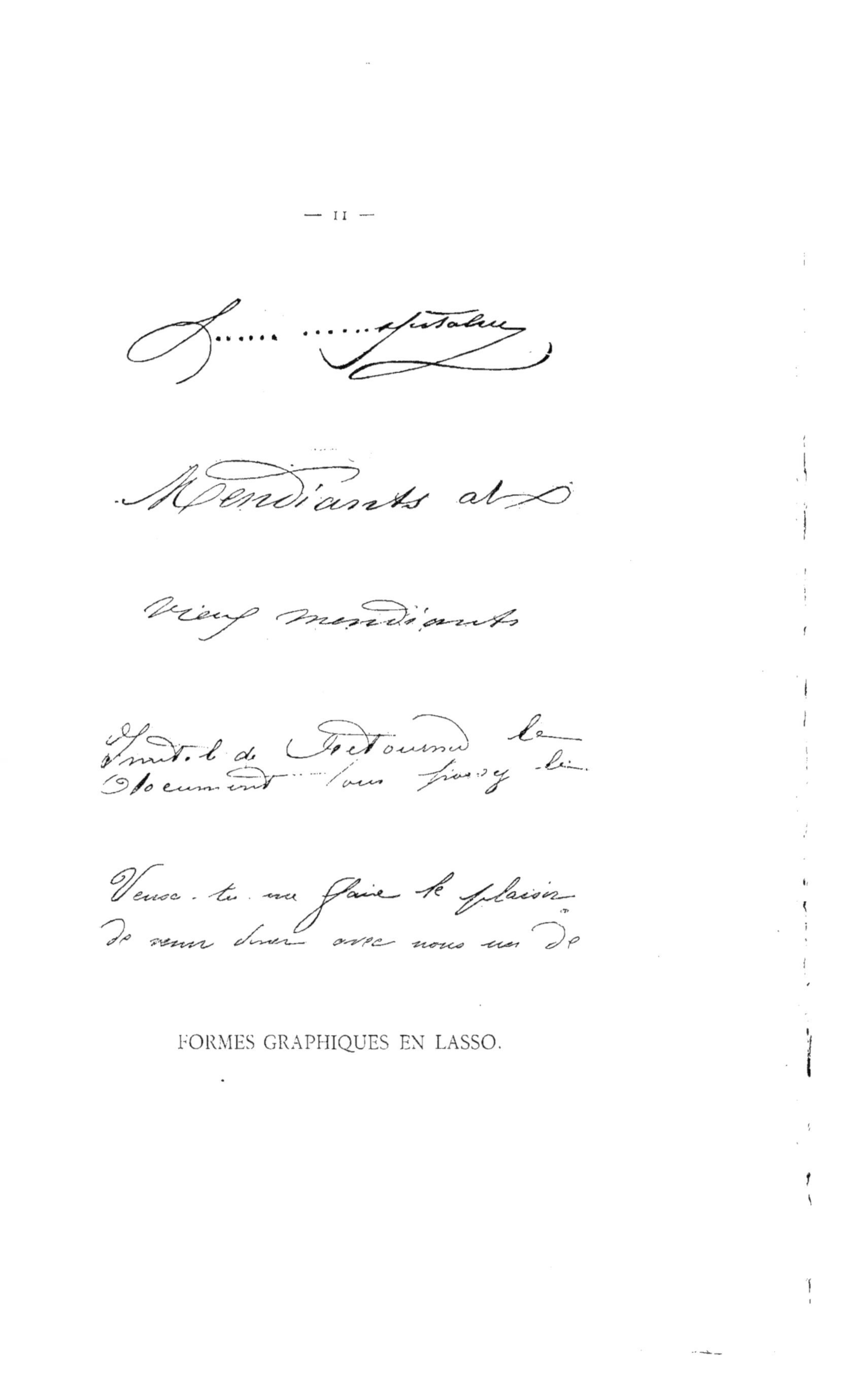

FORMES GRAPHIQUES EN LASSO.

A ces différentes formes en lasso se joignent encore une partie des lettres à base en lasso. Nous appelons ainsi celles dont la hampe inférieure est transformée en une sorte de δ à formes souples par un mouvement sinueux de la barre en retour. Les *f* en fournissent de beaucoup les plus nombreux exemples.

Étudiées dans leurs formes, les lettres à base en lasso sont à interpréter de façons différentes suivant les circonstances. Outre qu'elles peuvent être des formes dérivées de l'Écriture dite du Sacré-Cœur, cas particulier que nous laissons de côté, elles se présentent parfois comme des formes extrèmement adoucies ou assouplies des lettres barrées en retour par obstination. Aux significations possibles de vanité, de coquetterie, de tendance à complimenter et à flatter, s'ajoutent donc les suivantes : obstination adoucie par la bonté, obstination qui sait se faire souple pour arriver à ses fins.

II

Il existe pour l'écriture caressante une forme savante. Ce
sont les manifestations graphiques qui répondent au fait de
se livrer à des manœuvres psychologiques (action momen-
tanée ou habitude) et à la possession d'une certaine souplesse
psychologique (faculté intellectuelle).

Une manœuvre psychologique est un travail qui a pour
objet de faire naître, de détruire, de modifier ou de ménager
un sentiment chez une personne déterminée, et en se guidant
d'après des considérations psychologiques particulièrement
applicables à cette personne. — La souplesse psychologique
est la faculté intellectuelle correspondante, celle qui facilite
les manœuvres psychologiques. C'est une sorte de flair particulier qui permet d'obtenir rapidement quelques données
sur les caractères, et qui se joint à une tendance instinctive à
présenter ses goûts et ses sentiments d'une manière qui soit
en harmonie avec le genre des différents personnes qui se
succèdent autour de vous.

Tout individu qui se livre à des manœuvres psychologiques a nécessairement quelque souplesse psychologique ;
toute personne qui a de la souplesse psychologique en fait
usage, ne serait-ce que sous forme de tact. Souplesse psychologique et manœuvre psychologique s'accompagnent

donc, la mesure dans laquelle l'une exige l'autre pouvant d'ailleurs ne pas être bien grande. Au point de vue graphique les deux se confondent ; il en est pour elles comme pour l'esprit de pénétration et la ruse, qui se marquent de même par le gladiolement.

En elle-même, une manœuvre psychologique est, moralement parlant, une caresse ou un enlacement savant. Dans l'écriture il en est également ainsi. Les manifestations graphiques correspondantes consistent en effet à former les lettres qui s'y prêtent en formant une sorte de lasso. Ici le

mouvement enlaçant se porte sur le mécanisme même de la formation des lettres : ce qui subit l'influence du geste graphique est un élément constitutif, et non un accessoire plus facilement malléable, comme un prolongement, un paraphe, un trait additionnel ou secondaire. Il y a là une modification plus intime, et par suite quelque chose de plus pénétrant, de plus complexe et de plus savant.

Dans l'alphabet latin, les lettres qui se prêtent le mieux à cette manifestation graphique sont des minuscules (ou des majuscules n'étant que le calque agrandi des dites minus-

cules). Ce sont principalement les minuscules de l'*a* et de ses similaires (*d*, *g*, *q*), de l'*c* et de l'*o*.

Il y a des écritures, très rare du reste, où cette manifestation graphique s'observe presque exclusivement sur les *e*. Si le cas, qui peut n'être qu'une apparence, est bien constaté, il se présente comme anormal. Il peut se faire que l'on soit en face d'un scripteur qui surveille beaucoup son écriture et que les *e* trahissent à défaut des autres lettres, parce que le signe s'y glisse mieux. Sinon, il y a comme une sorte de raffinement ou de recherche à placer le geste scripteur là

Aussi suis-je persuadé qu'elle saura les arranger gentiment et en tirer un charmant parti. Malheureusement ma récolte n'a pas été bien belle, la saison était trop avancée lorsque j'ai pu faire cette course : j'aurais voulu offrir mieux.

plutôt qu'ailleurs. L'auteur de l'autographe est-il très intelligent, il est à supposer qu'il est particulièrement bien doué pour les simulations de caractères et capable de mener à bonne fin des intrigues psychologiques assez compliquées ; est-il au contraire d'une intelligence moyenne ou faible, ces présomptions sont en faveur des manœuvres psychologiques bizarres ou inattendues, parfois sans doute aussi très spécialisées.

Lorsque on examine les formes savantes de l'écriture caressante au cours d'une analyse d'autographes, il est souvent difficile de leur attribuer une signification précise et se résumant en quelques mots, d'autant plus qu'elles peuvent répondre à un ensemble qui est complexe dans le caractère lui-même.

Ces manifestations sont notablement plus fréquentes dans les écritures des femmes que dans celles des hommes, et se présentent surtout dans les écritures des mondaines, des coquettes, des jeunes filles cherchant à se faire épouser. C'est qu'en effet elles sont l'indice de ce qu'on appelle la finesse des femmes, finesse qui a un caractère *sui generis*, et qui ne s'identifie pas avec celle d'un diplomate à la Talleyrand.

Des signes peu ou moyennement accentués indiquent plutôt de la souplesse, et des signes très accentués de la manœuvre (surtout dans les écritures portant des marques de combativité ou provenant d'intelligences inférieures). Il convient souvent de dire que le scripteur étudie instinctivement les caractères en vue de ses rapports avec les gens, qu'il est habile à ménager et à influencer les sentiments d'autrui, ou, en allant plus loin, si les signes sont accentués et que l'écriture respire la hardiesse, l'agressivité, l'amour de la lutte, que le scripteur aime à observer les caractères et à mettre en jeu les sentiments. « Espièglerie rusée » ou « câlinerie habile » chez les enfants, « goût du flirt » chez les jeunes filles, « politesse » chez les bienveillants, « tact » chez les intelligents, « savoir-faire particulier » chez les mondains (1) sont des interprétations fréquemment acceptables.

---

(1) « Savoir-faire particulier », c'est-à-dire habitude de ménager les oipnions des visiteurs qui se succèdent dans son salon et de choisir des sujets de conversation appropriés à chacun, habileté à faire des mariages, à grouper à sa table des invités dont les goûts soient en harmonie, etc.

Quelquefois il se trouve dans l'écriture une dominante qui donne, partiellement au moins, à ces signes une orientation bien nette. Avec la flatterie et la félinerie, nous avons le flatteur et le félin qui nuancent habilement leurs compliments suivant les personnes auxquelles ils les adressent ; avec l'hypocrisie, l'hypocrite doué d'une rouerie spéciale qui fait qu'il n'a pas un jeu uniforme ; avec l'ambition, la personne qui, d'une manière peut-être inconsciente, joue quelque peu son caractère en vue de réussir.

Il y a enfin quelques résultantes faciles et intéressantes à signaler, qui n'épuisent pas du reste la valeur significative des manifestations. Ce sont notamment *le goût pour le rôle de confident, le caractère farceur, le travail psychologique en vue de se faire aimer et la méchanceté spéculant sur les sentiments.*

I. — *Goût pour le rôle de confident.* — L'écriture aimante et l'écriture caressante à forme savante donnent comme résultante « plaisir à recevoir des confidences ». Pour éprouver

du plaisir à recevoir des confidences autres que celles qui vous sont utiles, il faut être aimant ; si, d'autre part, les personnes aimantes sont toutes contentes de recevoir des confidences de ceux qu'elles aiment, parce qu'elles les considèrent comme des marques de sympathie, elles n'apprécient cependant les confidences en elles-mêmes qu'à condition d'avoir la tournure d'esprit qu'indique l'écriture caressante à forme savante : chez elles, cette tournure d'esprit éveille une curiosité spéciale. Un confident étant surtout un protecteur ou un consolateur, cette résultante s'accentue chez les personnes ayant le goût de la protection, et chez les personnes qui souffrent facilement, ces dernières se plaisant à consoler quand elles sont aimantes.

II. — *Caractère farceur*. — L'écriture caressante à forme savante jointe à des manifestations graphiques de gaieté ou d'enjouement et de combativité railleuse, donne l'une des résultantes qui constituent le caractère farceur. Une farce est le

fait de quelqu'un de gai ou d'enjoué, et c'est un petit combat, mais un petit combat où s'exercent les tendances moqueuses, et non l'énergie ou la brutalité. Les personnes gaies ou enjouées et railleuses, douées de la tournure d'esprit qui permet de constater l'écriture caressante à forme savante, sont portées à ce genre de farces qui consiste à provoquer l'étonnement ou à amener des manifestations de caractère curieuses en tirant parti de quelques singularités psychologiques préalablement observées.

III. *Travail psychologique en vue de se faire aimer*. — Le vif désir d'être aimé a des causes très différentes ; il peut également provenir de dispositions physiques, de la faiblesse, du sentiment de l'isolement, de la nécessité de se faire épouser, du besoin du cœur d'avoir l'affection ou l'amour de ceux qui sont chers, de la vanité, du plaisir à dominer et à troubler. Les scripteurs vivement désireux d'être aimés possèdent des écritures fort dissemblables. Mais, quelques variées que soient leurs autres manifestations graphiques, ils en ont une commune, qui consiste à ajouter à un certain nombre de lettres initiales un petit demi-cercle, ou parfois un petit cercle. Ce petit demi-cercle, ou petit cercle, n'est en réalité qu'un mode particulier du crochet initial indiquant le goût de la possessivité : c'est le harpon du désir d'acquérir prenant une forme caressante parce qu'il se porte sur le domaine des sentiments au lieu de se porter sur celui des biens matériels ; il est généralement léger et gracieux. Dans une écriture d'allure peu rayonnante — surtout en compagnie de signes de vanité prononcée ou de félinerie — il n'est la plupart du temps qu'une affirmation de plus du moi de la personne toujours à la poursuite d'une nouvelle conquête ; dans une écriture révélatrice de qualités morales, au contraire, il n'indique rien de bien égoïste, et il révèle une nature jalouse par passion sans doute, mais aimante aussi. Son apparition dans l'écriture d'un scripteur qui ne le trace pas habituellement donne lieu de croire que celui-ci est devenu amoureux.

De toutes façons, dans les autographes où il se présente, il est rare que l'on ne trouve pas en même temps des signes de manœuvre psychologique ; si l'on n'en rencontre aucun, c'est que la personne en question, bien que très désireuse d'être aimée, n'intrigue en rien, psychologiquement du moins, par scrupule, par timidité ou par manque d'esprit d'initiative.

Chez la plupart des scripteurs très désireux d'être aimés, on rencontre même généralement des manifestations graphiques de désir d'être aimé et de manœuvre psychologique étroitement unies dans les mêmes lettres. Il y a ainsi un type graphique de lettres spécial révélant un certain travail psycho-

MANIFESTATIONS GRAPHIQUES
DU TRAVAIL PSYCHOLOGIQUE EN VUE DE SE FAIRE AIMER.

logique en vue de se faire aimer : on se montre aimant, on glisse des allusions à ses qualités, on spécule sur les manies, on flatte les idées, on cherche à surprendre l'affection aux heures de mécontentement et de tristesse. Ce travail peut s'exercer sur plusieurs personnes comme sur une seule ; il est, selon les cas, plus ou moins avoué, plus ou moins rusé, et aussi plus ou moins conscient : bien souvent ses manifestations — petit cadeau, phrase de circonstances, nuance d'expression ou sourire — se dissimulent sous des apparences anodines, et passent presque inaperçues, alors même qu'elles produisent leur effet.

Il est à noter que l'on trouve souvent la petite courbure du désir d'être aimé sur les lettres à hampes ondulées.

IV. — *Méchanceté spéculant sur les sentiments.* — Des signes de méchanceté dans une écriture caressante à forme savante indiquent une nature portée à spéculer sur les sentiments en vue d'éveiller des souffrances morales. Ce genre de méchanceté diffère de celui qui consiste à faire acte de

appel à votre bienveillance et
vous exprimer toute mon anxiété
sur ma mère et même ma...

brutalité ou à porter préjudice aux intérêts : on étudie les caractères pour trouver des mots particulièrement blessants, on s'amuse à donner des inquiétudes, on éveille des doutes pénibles, on met en jeu la tristesse, la jalousie, la crainte, le repentir. Accentuées, les manifestations graphiques déterminant cette résultante indiquent des personnes très redoutables, et d'autant plus à craindre que leurs manœuvres, précisément parce qu'elles sont psychologiques, les laissent à peu

près à l'abri des preuves et des poursuites judiciaires ; elles
caractérisent les personnes qui aiment à semer les brouilles,
les chagrins et les angoisses, qui provoquent des agonies
mentales se terminant par des folies ou des suicides. Des
signes suffisamment prononcés de méchanceté et de traîtrise
dans une écriture portant les marques du travail psychologique en vue de se faire aimer sont le propre d'un scripteur
qui fait souffrir ou qui tend des pièges en inspirant des pas-
sions.

III

Nous allons maintenant étudier ce que l'on pourrait appeler la forme morale de l'écriture caressante.

On peut être altruiste simplement, sans recherche aucune, mais on peut l'être aussi avec ostentation, quand on est mû par le désir de paraître sympathique. On peut, en d'autres termes, se rendre bon, complaisant, aimable en vue d'avoir la réputation d'être tel, et en s'appliquant à en avoir l'air.

Bien que le désir de paraître sympathique tire quelquefois son origine de la vanité, il ne doit pas être confondu avec ce défaut, qui porte à employer les armes du mal comme celles du bien, et qui est l'envie de concentrer les regards jointe à l'idée que l'on en est digne. Le désir de paraître sympathique est loin d'être une mauvaise chose ; si l'altruisme désintéressé lui est moralement supérieur, ce n'en est pas moins un stimulant heureux, dont l'influence est bienfaisante.

Les personnes qui se montrent bonnes et serviables en vue d'éveiller la sympathie atteignent en général leur but ; si l'on ne voit pas ce qu'il y a de circonstantiel dans leur manière d'être, elles en conservent naturellement les avantages, et, si on le remarque, il est rare que l'on ne soit pas flatté de voir sa sympathie recherchée et que l'on ne soit pas porté à l'accorder par cela même. Les personnes qui ne se préoccupent jamais de paraître sympathiques sont presque toujours jugées moins favorablement qu'elles ne le méritent par ceux qui n'ont pas quelque expérience de la psychologie et qui n'ont pas eu l'occasion de les éprouver.

L'altruisme qui n'est pas sans ostentation se traduit graphiquement par l'affectation avec laquelle certaines courbes des lettres s'arrondissent vers la droite ou vers le haut de la feuille de papier ; il se manifeste également par la transformation de points et d'accents en petites arcades courbes ou légèrement anguleuses, orientées vers la droite ou vers le haut de la feuille de papier. Les types graphiques des lettres,

sollicitude, quel dévouement ! Je suis bien heureux d'être aimé comme je le suis. quels bons parents j'ai !

des points et des accents qui subissent son influence constituent une écriture que l'on peut appeler *l'écriture en arcade dextrogyre*, en la rapprochant de l'écriture étudiée par Madame Ungern-Sternberg, écriture en arcade, mais sinistrogyre, répondant au désir égoïste de s'imposer au respect, à l'étonnement et à l'admiration par sa tenue ou par ses talents.

Instruments particulièrement malléables, les points et les accents sont seuls révélateurs de l'existence d'un altruisme de circonstances, quand le désir de paraître sympathique est passager ou faiblement prononcé, ou encore se trouve en opposition chez le scripteur avec ce qui amène constam-

Je les prie de le rappeler au souvenir de toute leur

ici à l'occasion de la Duchesse comme l'année dernière. J'ay

Pardonnez-moi mon long silence. On peut l'expliquer. J'étais

J'aurais en effet désiré vous voir avant votre départ, mais je comprends bien que vous n'en ayez plus le temps

MANIFESTATIONS GRAPHIQUES
DU DÉSIR DE PARAITRE SYMPATHIQUE.

ment des angles dans le corps des lettres, comme la nervo-sité ou la raideur (1). — Le cas où l'écriture en arcade dex-trogyre se marque dans la forme des lettres sans modifier les points et les accents se présente pourtant. C'est chez les per-sonnes qui, pour une raison ou pour une autre, se surveillent beaucoup, elles et leur écriture : outre que la forme assez

anormale des points et des accents en arcades leur semble peu naturelle et bonne à éviter, elles s'observent surtout aux moments où elles viennent de lever la plume, ce qui rend for-

---

(1) Il ne faut pas confondre les accents en arcades avec d'autres qui sont bien connus, mais qui peuvent leur ressembler — que rien n'em-pêche d'ailleurs de rencontrer dans les mêmes autographes qu'eux. Ces autres sont ceux qui marquent la préoccupation de l'esprit et ceux qui dénotent du goût pour le mystérieux ; les premiers ont des formes moins définies et plus tourmentées que ceux dont nous parlons, et les seconds sont plus légers, plus amples, avec une sorte de disposition à s'envoler.

cément points et accents moins révélateurs. Ce sont du reste ces personnes chez lesquelles l'altruisme d'ostentation est le moins spontané, le plus calculé ; chez elles, quand il donne naissance à des manifestations graphiques régulières et accentuées, il peut provenir tout autant du désir d'éveiller l'admiration que la sympathie, il peut aussi constituer un savoir-faire diplomatique ou tendre à l'hypocrisie.

Il y a des scripteurs chez lesquels le désir de paraître sympathique existe d'une manière permanente, et constitue un trait de caractère, ce dont permet de s'assurer l'examen de plusieurs autographes écrits dans des circonstances différentes. Néanmoins les manifestations graphiques qui y répondent se trouvent plutôt d'une façon occasionnelle que permanente dans les écritures.

Elles viennent naturellement sous la plume quand on s'efforce de paraître sympathique à un correspondant, quand on s'excuse, qu'on remercie ou qu'on félicite ; on les rencontre dans les autographes des amoureux, et notamment dans les autographes de ceux d'entre eux qui, pour se faire aimer, mettent en relief leurs qualités morales plus qu'ils ne spéculent sur des particularités de goûts et d'opinions ; on les trouve dans les lettres des scripteurs désireux d'obtenir un portrait flatteur de leur caractère et dans les écrits des graphologues qui tiennent beaucoup à être bien jugés par leurs confrères.

Elles se présentent chez les personnes qui cherchent à consoler : dans ce cas, le côté affecté de l'altruisme provient

de la générosité même des sentiments.

Chez certains scripteurs il convient d'attacher une importance très grande à la présence de l'écriture en arcade dextrogyre. Tel d'entre eux a, à première vue, l'écriture d'un individu assez grincheux, et cependant, sa réputation est celle d'un homme complaisant et aimable ; de nombreux accents

il lui enlevè doucement et

fusil, fait la fonction à sa place

en arcades orientés vers la droite expliquent ce désaccord apparent : il est mû constamment par le désir de paraître sympathique, correctif qui chez lui améliore à tout instant le naturel. Tel autre se conduit avec beaucoup d'égoïsme quand le désir de paraître sympathique n'est pas en éveil, et il a dans ses autographes de belles courbes, généreusement orientées et pleines de douceur ; le reste de l'écriture té-

*Je vous remercie encore
mille fois pour la poésie
et pour le ravissant des-
sin ! Il est très bien dans
mon album
Jean... f.*

moigne que c'est un vaniteux, un fat, un complaisant en

lui-même, mais un graphologue peu réfléchi pourrait ne pas voir le lien qu'il y a entre les deux parties de ce contraste, et s'extasier sur sa bonté, sur son excellent cœur, en oubliant les défauts primordiaux.

.   .   .   .   ;   .   .   .   .

Nous ajouterons deux considérations à la fin de notre exposé.

L'écriture serpentine des diplomates est une sorte d'écriture caressante. Elle reflète les mouvements de la pensée qui façonne les idées jusqu'à ce qu'elles aient une forme appropriée aux circonstances. Elle a une certaine parenté avec l'écriture caressante à forme savante ; elle en diffère surtout parce qu'elle répond à un savoir-faire psychologique moins individualiste.

Les écritures très caressantes sont plutôt inclinées. Quel que soit le mobile qui l'inspire, en tant que manifestation de la sensibilité, la caresse, mouvement d'homme qui se penche, est une des causes qui contribuent à l'inclinaison de l'écriture.

EXTRAIT DU CATALOGUE

DE LA

BIBLIOTHÈQUE GRAPHOLOGIQUE

Cours de Graphologie, par A. VARINARD, in-18 illustré de deux eaux
fortes de Teyssonnières (portraits de l'auteur et de Michon). Prix : **3** fr.
— Chaque eau-forte séparément. . . . . **1** fr.
Michon, sa vie et ses œuvres, par A. VARINARD . . . . . . **1** fr.
L'Écriture et le Caractère, par CRÉPIEUX-JAMIN. Alcan, édi-
teur. . . . . Prix : **7** fr. **50**
Les signes révélateurs du caractère (*Physiognomonie et Grapho-
logie*, par Léonce VIÉ . . . . Prix : **1** fr.
Traité des Indices tirés d'une Lettre missive (*de Signis ex
Epistolis*), par Camille BALDI, traduit par J. DEPOIN. — Un vol.
in-8°, papier vergé . . . . Prix : **3** fr. **50**
Manuel de Graphologie usuelle, par R. DE SALBERG. —
Hachette et Cᵢᵉ, éditeurs. — Un vol. in-16 de 300 pages, illustré
de 637 types d'écriture. . . . . Prix : **3** fr. **75**

—»0«—

Portrait intime d'un écrivain, étude de graphologie supérieure,
par la baronne UNGERN-STERNBERG . . . . Prix : **1** fr. **50**
Essai sur le Mensonge, par la baronne UNGERN-STERNBERG. Prix : **1** fr.

—»0«—

LA GRAPHOLOGIE, revue mensuelle, organe de la Société. —
Abonnement : **12** fr. par an.
— **Numéro de luxe**, sous une couverture artistique, recueil
d'articles richement illustrés de Mmes la baronne UNGERN-
STERNBERG, R. DE SALBERG, Marguerite RIGNOT et de M. Solange
PELLAT. — 1 ex. **1** fr. — 10 ex. **6** fr. — 20 ex. **10** fr. — 50 ex. **25** fr.

—————

DU MÊME AUTEUR :

Le Cœur dans l'Écriture (*Considérations sur l'égoïsme et sur les
sentiments généreux*). — Brochure in-8°, 68 clichés d'écriture
dans le texte. . . . . Prix : **1** fr. **50**
Le Graphologue grincheux (*Réponse dialoguée aux objections contre
la Graphologie*). . . . . Prix : **0** fr. **50**
Philéas et Chantrouille, livre d'étrennes. — Delagrave, éditeur. . . . . Broché : **2** fr. **30**
Philéas et son Anglaise, suite du précédent, en préparation pour les
étrennes de 1904.

EXTRAIT DU CATALOGUE

DE LA

BIBLIOTHÈQUE GRAPHOLOGIQUE

Cours de Graphologie, par A. VARINARD, in-18 illustré de deux eaux fortes de Teyssonnières (portraits de l'auteur et de Michon). Prix : **3** fr.
— Chaque eau-forte séparément. . . . . **1** fr.
Michon, sa vie et ses œuvres, par A. VARINARD . . . . **1** fr.
L'Écriture et le Caractère, par CRÉPIEUX-JAMIN Alcan, éditeur. Prix : **7** fr. **50**
Les signes révélateurs du caractère (*Physiognomonie et Graphologie*), par Léonce VIÉ . . . . Prix : **1** fr.
Traité des Indices tirés d'une Lettre missive (*de Signis ex Epistolis*), par Camille BALDI, traduit par J. DEPOIN. — Un vol. in-8°, papier vergé . . . . Prix : **3** fr. **50**
Manuel de Graphologie usuelle, par R. DE SALBERG. - Hachette et Cⁱᵉ, éditeurs. — Un vol. in-16 de 300 pages, illustré de 637 types d'écriture. . . . . Prix : **3** fr. **75**

—»O«—

Portrait intime d'un écrivain, étude de graphologie supérieure, par la baronne UNGERN-STERNBERG . . . . Prix : **1** fr. **50**
Essai sur le Mensonge, par la baronne UNGERN-STERNBERG. Prix : **1** fr

—»O«—

LA GRAPHOLOGIE, revue mensuelle, organe de la Société. —
Abonnement : **12** fr. par an.
— **Numéro de luxe**, sous une couverture artistique, recueil d'articles richement illustrés de Mmes la baronne UNGERN-STERNBERG, R. DE SALBERG, Marguerite RIGNOT et de M. Solange PELLAT. — 1 ex. **1** fr. — 10 ex. **6** fr. — 20 ex. **10** fr. — 50 ex. **25** fr.

DU MÊME AUTEUR :

Le Cœur dans l'Écriture (*Considérations sur l'égoïsme et sur les sentiments généreux*). — Brochure in-8°, 68 clichés d'écriture dans le texte. . . . . Prix : **1** fr. **50**
Le Graphologue grincheux (*Réponse dialoguée aux objections contre la Graphologie*). . . . . Prix : **0** fr. **50**
Philéas et Chantrouille, livre d'étrennes. — Delagrave, éditeur . . . . Broché : **2** fr. **30**
Philéas et son Anglaise, suite du précédent, en préparation pour les étrennes de 1904.

IMPRIMERIE BELLIN-MONTDIDIER.